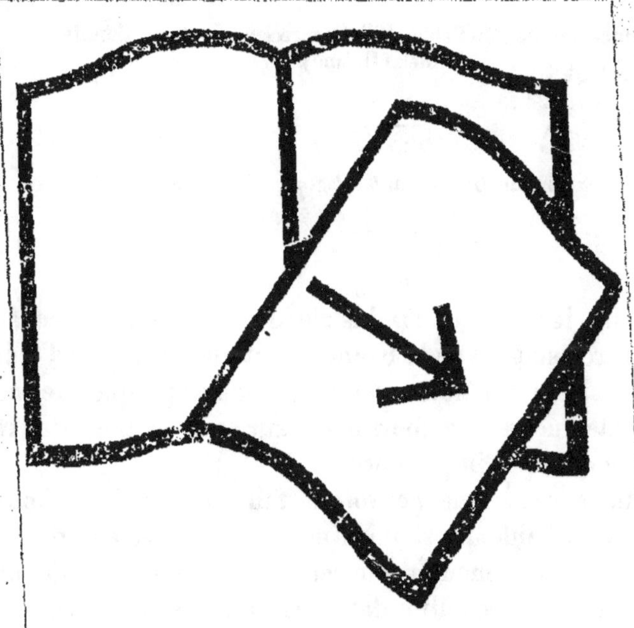

Couvertures supérieure et inférieure
manquantes

LES VERRERIES DU MOYEN ÂGE

DANS LE SUD-EST DE LA FRANCE.

Communication de M. l'abbé Fillet, correspondant du Comité,
à Allex (Drôme).

(Extrait du *Bulletin archéologique*. — 1895.)

L'art de faire le verre et l'industrie du verre au moyen âge, dans notre contrée sud-est de la France, sont choses dignes d'étude. Mais, si la faiblesse de notre science bibliographique ne nous abuse, il n'existe aucun livre fournissant sur cette matière des renseignements de quelque importance.

Ce livre, nous voudrions pouvoir le faire nous-même. Nous y travaillerions avec bonheur, si nous nourrissions l'espoir d'un sérieux succès. Mais comment avoir cet espoir, avec les difficultés qu'il y a pour nous à recueillir dans les archives de la région les actes, apparemment peu nombreux d'ailleurs, qui constituent presque à eux seuls les éléments d'un pareil livre?

L'œuvre sera plus facile quand les inventaires des archives départementales seront terminés ou au moins bien avancés, et peut-être alors quelque écrivain nous donnera-t-il le livre désiré que nous désespérons de pouvoir faire nous-même. Mais, en attendant que nos vœux se réalisent, nous voulons contribuer, et dès à présent, dans la limite de nos moyens, à un pareil travail.

Notre contribution consistera dans la publication de notes et de documents puisés presque exclusivement dans d'anciens registres de notaires.

Et d'abord, nous ne donnerons qu'avec réserve comme preuves de l'existence des verreries dans notre région au xie siècle, les noms patronymiques de Verrier, Le Verrier et Veyrier (*Verrerii, Veyrerii*), qu'on y trouve plus tard. Les personnes qui les y ont portés les premières ont pu venir de loin.

D'autre part, les vitres et vitraux qui garnissaient les fenêtres d'un bon nombre d'églises de nos contrées, pendant la première moitié du xive siècle [1], ont pu être apportés d'ailleurs.

Mais, avant la fin de ce même siècle, la fabrication du verre était organisée sur le territoire de la ville de Grignan [2]; puis elle l'était dans le voisinage.

Des nombreux actes relatifs à Grignan, que nous avons parcourus pour l'époque antérieure à 1393, aucun ne fait mention de verrerie; nous croyons qu'aucun établissement de ce genre n'y existait encore. Le premier qui s'y rapporte est du 18 février 1393. Il fut passé entre le seigneur de Grignan et deux habitants de ce lieu. Ces derniers étaient Ponce Geoirs ou de Geoirs et Philipon Rostit, son gendre [3]. On convint qu'ils feraient construire une verrerie dans les territoire et mandement de Grignan, dans le bois appelé *le devès du seigneur de Grignan*, et cela avec les bâtiments nécessaires pour l'habitation des maîtres et ouvriers verriers. Ils pouvaient prendre dans le *devès* les bois et autres matériaux nécessaires pour la verrerie, les autres bâtiments et le ménage. Ils prenaient bail pour dix ans. Ils allaient faire des verres et des ustensiles et vases quelconques en verre. Ils devaient, dès que la verrerie travaillerait, donner au seigneur de Grignan 12 florins d'or et six douzaines de verres. En cas de guerre, la verrerie était exposée à ne pas travailler; aussi, on ne devrait rien au seigneur pour le temps de ce chômage forcé [4].

La verrerie fut certainement construite. En effet, à la suite d'un acte du 30 mars 1400, le notaire P. Barast a noté des dettes contractées envers lui, et parmi ses débiteurs figure, pour 2 florins

<hr>

[1] U. Chevalier, *Visites pastorales des évêques de Grenoble*, p. 13, 20, 22-27, 29, 56-58, etc.

[2] Grignan, chef-lieu de canton du département de la Drôme.

[3] Les Geoirs (*de Juerssio*) étaient depuis longtemps dans le pays. On trouve en 1313 Ponce *de Juersio*, originaire et habitant de Grignan (Archiv. de Colonzelle). En 1363, un autre Ponce *de Juersio*, de Chamaret, était témoin d'un acte passé à Grignan; en 1364, il habitait Grignan et y recevait, du seigneur de ce lieu, des franchises et libertés; en 1365, il était *écuyer* et *fidèle serviteur* de ce seigneur, qui lui donnait la petite seigneurie de Cordi; il figure encore dans beaucoup d'actes, notamment dans les reconnaissances faites en 1383 au nouveau seigneur de Grignan, pour ses propres biens en ce lieu et pour ceux qu'y avaient sa femme Carsane, fille de feu Durant Gautier, du même lieu. (Étude de Me Mieson, notaire à Grignan, protocoles du xive s., *passim*). Philipon Rostit, lui, paraît être venu d'ailleurs.

[4] Voir la pièce justif. n° 1.

4 gros) « Petrus Andreæ, veyreriis, de Salis », qui fut témoin, avec cette même qualification, d'un acte passé à Grignan le 28 mai de la même année[1]. Puis un autre acte, passé au même lieu et dans la maison de la verrerie, nous donne sur cette dernière, ainsi que sur ses maîtres et sur le verrier André, d'intéressants détails. Nous y voyons que celui-ci avait déjà servi P. de Geoirs et P. Rostit pour la fabrication du verre ; que le 28 septembre 1400, ces derniers le louèrent de nouveau pour un an à commencer à la Saint-Michel suivante. Ils devaient le nourrir comme leurs propres personnes et lui donner pour gages 30 florins d'or et des souliers d'au moins 3 gros[2]. Le dernier acte relatif à P. André est du 25 octobre suivant ; il le dit verrier et habitant de Grignan, et le montre mal en finances ou du moins peu empressé de payer ses dettes[3].

Quelques mois plus tard, le 1er mars 1401, P. de Geoirs et P. Rostit s'attachaient encore Jacques Vavasol dit Ysnart, de Saint-Étienne-de-Saint-Geoirs. Celui-ci allait les servir, pendant un an à partir de la Saint-Jean-Baptiste suivante, *dans l'art de la verrerie*, en leurs maison et usine de Grignan. Il devait être payé selon la quantité du travail qu'il ferait, c'est-à-dire à tant la charge[4].

Voilà tout ce que nous avons de renseignements sur cette verrerie, sur ses organisateurs et propriétaires. Mais d'autres établissements du même genre devaient conserver longtemps encore dans le même pays l'industrie du verre.

En effet, parmi les habitants notables de Grignan, nous trouvons dès 1400 noble Jean Roband. Le premier acte où il figure est le testament de Guillaumette, femme de Bertrand Auriol, fait à Grignan même le 30 mars de ladite année. Il en fut témoin, en compagnie de Guillaume Bochet, curé du lieu, de Philipon Rostit, damoiseau, de Ponce Geoirs, et d'autres habitants de Grignan[5]. D'autres actes, intéressant ces mêmes Rostit et Geoirs et relatifs à leur verrerie, le mentionnent encore la même année et la suivante comme en ayant été témoin[6]. Or, Jean Roband voulut à son tour

---

[1] Étude de Me Misson, protoc. de P. Barast, reg. coté *Noster*, fol. 1 et 6 r°.
[2] Voir la pièce justif. n° 2.
[3] Étude cit., reg. *Noster*, fol. 28 v°.
[4] Voir la pièce justif. n° 3.
[5] Étude cit., reg. *Noster*, fol. 1.
[6] *Ibid.*, reg. cit., fol. 26 v° et 36 v°.

installer lui-même une verrerie. Il s'associa pour cela avec Jean de
Dors dit Tollifaut, habitant de la ville d'Arles. Le lieu choisi par
eux pour l'établissement de leur industrie fut Sarçon, localité où
existait alors un ancien prieuré et qui fait aujourd'hui partie du
territoire de Grignan. Au xve siècle, ce petit prieuré dépendait du
prieur de Saint-Marcel-lès-Sauzet, qui relevait lui-même de l'ab-
baye de Cluny. En en arrentant la maison pour y établir leur verrerie, Jean Roband et Jean de Dors en arrentèrent aussi les terres
et revenus. Un acte avait été passé à ce sujet avec le prieur de
Saint-Marcel-lès-Sauzet, quand, le 21 juin 1417, Jean Roband ac-
quit de Jean de Dors la moitié, que celui-ci avait par indivis, de
la verrerie et de ses dépendances. Le prix en fut de 80 florins [1],
que l'acheteur ne devait payer que plus tard à son ancien as-
socié [2].

La verrerie de Sarçon fut organisée, et elle travailla certainement plusieurs années. Parmi les témoins d'un acte reçu à Grignan, le 16 avril 1426, par Despl.ns, notaire de ce lieu, figure
noble homme Jean Boyssard, verrier (*nobilis vir Johannes Boyssardi,
veyrerius* [3]. Nous soupçonnons fort que c'était le maître de l'établissement en question. Peut-être même faut-il rejeter le mot *Boyssardi* (qui est cependant bien dans le registre antique), pour lire
Robandi. Les fautes nombreuses de ce registre et l'incurie trop fré-
quente du scribe qui l'a rédigé ne rendent que trop plausible cette
substitution.

Quoi qu'il en soit, Jean Roband avait encore la verrerie de Sarçon un bon nombre d'années plus tard. Mais, hélas! elle était alors
en pitoyable état, et Roband, à qui un nouveau prieur, Louis de
Jaujac, avait renouvelé le bail fait par son prédécesseur, devenait
lent à en payer le prix. Les réclamations du prieur se succédant,
il surgit entre lui et Roband un différend qui fut enfin réglé par
une transaction du 1er juin 1440. Celle-ci portait que Roband paye-
rait au prieur pour arrérages la somme de 19 florins et demi à la
Noël suivante ou, pour le plus tard, à la subséquente; qu'il paye-
rait en plus les annuités à échoir; que, faute de ces payements par
Roband, le prieur pourrait disposer du bâtiment de la verrerie et
tenir l'arrentement pour nul; que désormais Roband laisserait au

<hr>

[1] Voir la pièce justif., n° 4.
[2] *Ibid.*, n° 5.
[3] Étude de Me Misson, reg. coté *Stella*, fol. xvj v°.

prieur les droits d'investiture, de lods et d'introge des terres du prieuré qu'il y aurait lieu de donner à nouvel achat [1].

Après ces renseignements, qui sont les derniers que nous ayons sur Roband et sa verrerie de Sarçon, nos documents mentionnent d'autres verriers habitant la région. Ainsi, nous avons un acte de plantation de limites de nobles hommes Claude Tartarin et Bérenger de Geneston, verriers de Sales (*instrumentum plantationis terminorum nobilium virorum Glaudii Tartarini et Berengarii de Genestone, veyreriorum loci de Salis, Diensis diocesis*). Ces deux gentils-hommes verriers habitaient Sales [2], à l'époque où fut fait cet acte, qui est du 27 mars 1461 et eut pour effet de préciser les limites séparant des terres situées dans le mandement de Sales et leur appartenant [3]. Nous trouvons ensuite comme témoin d'un acte, du 9 janvier 1466, passé au château de Grignan, noble Sauvage, verrier, serviteur du seigneur de Clansayes [4]. Un autre acte, fait pareillement au château de Grignan, le 23 juillet 1467, eut pour témoin noble Bermond Rippert, verrier dudit lieu de Grignan (*nobilis Bermundus Ripperti, vitrarius dicti loci Greynhanis*) [5].

Mais la famille qui devait surtout exercer l'industrie du verre dans la contrée fut celle des Ferre, plus tard appelés *de Ferre*.

Et d'abord, un long acte de compromis, du 23 novembre 1491, concernant les limites du territoire de Grignan avec ceux de Réauville et de Montjoyer [6], mentionne noble Jean Ferre, verrier de Citelles (*nobilis Johannes Ferre, veyrerius de Citellis*) [7]. Celui-ci assistait dans l'affaire les syndics de Réauville et de Montjoyer; comme suite de ce compromis, il y eut une plantation de limites. Une de celles-ci fut plantée en face de la terre de ce même noble Jean Ferre, verrier de la verrerie de Citelles [8].

Ferre avait donc alors une verrerie à Citelles, et il paraît bien qu'elle fonctionnait, puisque, le 29 avril 1496, Claude Simian,

---

(1) Pièce justif. n° 6.

(2) Sales, aujourd'hui commune du canton et au nord de Grignan.

(3) Étude de Mᵉ Misson, reg. coté *Veritas*, fol. lxxvj v°.

(4) Clansayes, commune du canton de Saint-Paul-Trois-Châteaux.

(5) Étude cit., reg. coté *Probus*, fol. xx.

(6) Réauville et Montjoyer, communes du canton et au nord-ouest de Grignan

(7) Citelles, hameau de la commune de Montjoyer.

(8) «Terminus lapideus fuit plantatus econtra terram nobilis Johannis Ferre, veyrerii vitrarie de Citellis.» (Arch. commun. de Grignan, FF. 4, parchemin.)

marchand de Valence, se reconnaissait débiteur de la somme de
5a florins envers noble Jean Ferre, verrier de la verrerie de Montlucet sur Réauville, pour prix de verres que Ferre lui avait livrés.
Cet acte fut passé par-devant Gérenton de Jante, notaire à Valence [1].

Comme on le voit, nous supposons (sans toutefois en être abso-
lument sûr) qu'il s'agit d'une seule et même verrerie, dite là *de
Citelles*, ici *de Montlucet*. En effet, ces deux noms pouvaient aisément
s'appliquer à la même localité, pour la bien simple raison que
Citelles était un tout modeste hameau avoisiné au couchant par
l'antique château fort de Montlucet. Au surplus, des documents du
xv° siècle mettent en ce dernier lieu un *castrum* et en font un chef-
lieu de mandement [2], par conséquent, une seigneurie distincte,
dont Citelles dépendit sans doute assez longtemps. Toutefois, dès
la fin du même siècle cette situation de Montlucet n'existait plus
guère qu'à titre de souvenir, et ce lieu dépendait effectivement du
mandement et de la judicature de Réauville. Cela suffit pour ex-
pliquer certains termes d'un acte du 8 décembre 1496, par lequel
Vital et Michel Biscarrat, du lieu de la Font du Fraysse, ven-
dirent à noble homme Jean Ferre, verrier du lieu de Montlucet,
un pré situé dans le territoire de la verrerie, à la Ville-Vieille
(*in territorio de verreria, in Villa Veteri*). En effet, cet acte dit que
Montlucet est du mandement de Réauville [3].

Voici, au surplus, des renseignements en parfait accord avec
notre explication et qui nous éclairent sur l'état de la famille Ferre
et de ses biens.

Noble Jean Ferre, verrier de la verrerie de Montlucet, eut plusieurs enfants. Nous lui en connaissons cinq : Raymond, Claude,
Ponson, Ysnard et Louise, sur lesquels nous aurons à revenir plus
loin. En attendant, constatons que leur père fit son testament, le
4 juillet 1510, devant un notaire de Montélimar, et qu'il mourut
antérieurement au 21 avril 1516, jour où furent faits plusieurs
actes importants pour sa famille.

Le premier de ceux-ci est une quittance du 21 avril 1516,
passée en faveur de noble Raymond Ferre, fils et héritier testa-

[1] Arch. de la Drôme, E. 2533. — Lacroix, *L'Arrondissement de Montélimar*,
t. VI, p. 315.

[2] Arch. de Grignan, FF. 4.

[3] Étude de Mᵉ Misson, reg. coté *Popule*, fol. cxxxj.

mentaire de feu noble Jean Ferre, son père, verrier, habitant, quand il vivait, de la verrerie de Montlucet, mandement de Réauville. Raymond y recevait de noble Ysnard Ferre, son frère, sur le point d'aller au delà des Alpes pour le service du roi, remise des biens paternels et maternels dudit Ysnard [1].

C'est tout ce que nous apprend cet acte, tronqué dans le registre original par la disparition de deux feuillets de ce dernier; mais un autre acte, du même jour et fourni par le même registre, nous en donne, quoique avec une rédaction différente, la teneur entière et même amplifiée. Ce nouvel acte fut fait *au lieu de la verrerie de Montlucet, dans la chambre de la tour de cette verrerie appelée « la chambre de la crote »*. Il nous apprend que, noble Raymond Ferre ayant demandé à noble Ysnard, son frère, s'il voulait se contenter des 125 florins que leur père avait légués à ce dernier et qui avaient ensuite été réduits par un codicille, ou s'il exigeait encore sa légitime des biens paternels, Ysnard déclara renoncer à cette légitime et se contenter des 125 florins légués. La raison donnée de cette renonciation était que beaucoup de charges pesaient sur l'héritage paternel [2].

Un troisième acte, encore du même jour, est le testament que noble Ysnard Ferre voulut faire avant de partir pour le service du roi au delà des monts. Après d'intéressants détails sur sa sépulture et des prescriptions pour le bien de son âme, nous y trouvons une série de legs aux divers membres de sa famille. L'acte, fait *en la verrerie de Montlucet, dans la chambre de la crote*, eut pour témoins les quatre de l'acte précédent, avec Thomas Escrivant et Jean Scarin, ouvriers de la verrerie [3].

Nous avons encore, du lendemain, 22 avril 1516, un acte de procuration. Noble Ysnard Ferre, *du lieu de la verrerie de Montlucet*, après avoir ratifié ce qui avait été fait dans une cause précédente contre Étienne Pousin de Montélimar, par noble Raymond Ferre son frère, donne procuration à ce dernier pour exiger et recouvrer tous ses biens et droits maternels. L'acte fut fait *en la verrerie susdite, dans la chambre de la crote*, en présence de Pierre Faure dit Trabuchet, et de Thomas Escrivant [4].

[1] Étude de M° Misson, reg. coté *Abba*, table et fol. iiij v°.
[2] Pièce justif. n° 7.
[3] *Ibid.*, n° 8.
[4] Étude cit., reg. coté *Abba*, fol. xx v°.

Encore le 22 avril 1516, noble Raymond Ferre, habitant de la verrerie de Citelles (*habitator victrarie de Citellis*), constitua André Brice, de Châteauneuf-de-Mazenc, et Pierre de Leuse, de Citelles, ses procureurs généraux pour exiger et recouvrer tout ce qui lui était dû, où que ce fût, en donner quittance et transiger. L'acte fut fait à la verrerie, en la maison du four (*actum vitrarie, in domo furni*), en présence de Pierre Faure dit Trébuchet, Thomas Escrivant et Barthélemy Pomier de Réauville [1].

Ensuite, Raymond Ferre, témoin, en compagnie de noble Antoine Bologne, coseigneur de Sales, d'un contrat de mariage passé en ce lieu le 2 novembre 1523 [2], figure aussi, le 13 décembre 1532, dans un acte de vente. On y voit qu'il est toujours *verrier de la verrerie*, et qu'il vend en son nom et en ceux de ses frères Claude, Ponson et Ysnard, une terre située *au travers de Saint-Bauselly*, et un pré situé en *la combe du Fanjas* [3].

Le dernier acte connu, pour Raymond Ferre, est une transaction qu'il passa en 1539 avec les consuls de Réauville. Le dernier que nous ayons de ses frères est le testament de « Ponson Ferre, prebtre du lieu de la veyriere de Montlucet », qui demande à être enterré dans l'église de Réauville, « à l'endroit du grand aultel », s'il vient à décéder à Réauville [4]. Cependant, peut-être faut-il voir un de leurs autres frères, l'ancien chorier de la cathédrale de Viviers, dans un « feu noble Claude Ferre, du lieu de Réalville », dont « demoyselle Loyse de Bolloigne », fille d'Antoine de Bologne, seigneur de Sales, était veuve en 1566. On sait que les Ferre, comme les Bologne de Sales, embrassèrent la Réforme [5]; on sait pareillement que celle-ci étendit ses conquêtes jusqu'à certains ecclésiastiques, pour lesquels le mariage fut une des premières conséquences de leur apostasie, après en avoir été souvent le mobile principal.

Quoi qu'il en soit pour le cas présent, nous avons une « procuration pour demoyselle Loyse de Bolloigne, mère tutrice de nobles Bernard et Mathieu Ferres, fils et héritiers universels de feu noble

---

[1] Étude de Mᵉ Misson, reg. cit., fol. xxj rᵒ.

[2] *Ibid.*, reg. coté *Vivere*, fol. clxxviii.

[3] Pièce justif. nᵒ 9.

[4] Étude de Mᵉ Misson, reg. coté 9ᵉ *reg.* (de Silhol), fol. ijᶜ lxxxix.

[5] *Ibid.*, reg. nᵒ 49 (de Silhol), fol. iiijᶜ lxxix. — Lacroix, *L'arrondissement de Montélimar*, VI, 314.

Claude Ferre, de Réalville [1] ». Outre cet acte, qui est du 19 avril 1566, on a : un compte consulaire de Réauville, rendu en 1583 et mentionnant une dépense de huit sols pour voyage à La Verrière chez nobles Bernard et Mathieu Ferre, frères [2] ; la mention d'une transaction de 1584 entre les consuls de Réauville et Bernard Ferre ; la mention, en 1597, d'une maison de Réauville, acquise de noble Bernard de Ferre par Coudert ; une consultation d'avocat, faite en 1598, sur divers points en litige avec Bernard Ferre, sieur de La Verrière [3].

Il serait facile maintenant, avec les archives communales de Réauville, de Montjoyer et de Poët-Laval, de dresser la généalogie des Ferre, appelés désormais *de Ferre*, pour les xvii⁰ et xviii⁰ siècles. Mais ce serait sortir du cadre que nous nous sommes tracé. D'ailleurs rien ne nous prouve que cette famille, tout en conservant la propriété du lieu appelé dès lors *La Verrerie*, y ait continué la fabrication du verre ; il est même certain qu'au xviii⁰ siècle ils l'avaient complètement abandonnée.

Seulement, la verrerie ne disparut pas définitivement du pays. Les Virgile, gentilshommes verriers, venus de Barjac en Languedoc vers 1687, laissèrent postérité à Poët-Laval [4], où Gabriel Regnin de Virgile épousa Marie Rousset en 1687 ; et noble Jean-Louis Virgile, fils de noble François, épousa Jeanne Bertrand en 1730. On y trouvait aussi au xviii⁰ siècle d'autres verriers, les Bouillane de Perrotin. Aussi Poët-Laval avait-il deux verreries en 1742.

Un rapport officiel signale seulement en 1754 une verrerie à Poët-Laval et une à Taulignan [5]. Celle-là, avec six ouvriers et deux chefs, consumait 3 livres de bois chaque jour ; la dernière, avec sept ouvriers et un chef, 300 livres par an. « Les ouvriers gagnent environ 20 à 24 sols par jour, et un seul ouvrier fait jusqu'à 300 bouteilles, et, lorsqu'il travaille en verres ou en gobelets, il en fait jusqu'à 700. » Le rapport ajoute que le bénéfice de ces maîtres verriers était très médiocre à cette époque, et que l'opulence n'était pas le partage de cette industrie [6].

---

[1] Étude de Mᵉ Misson, reg. de 1566, fol. ii⁰ lxxv.

[2] Lacroix, *Invent. des archives de la Drôme*, E. 5833.

[3] Arch. commun. de Réauville, CC. 3 ; FF. 1 ; II. 1.

[4] Poët-Laval, commune du canton et à l'ouest de Dieulefit.

[5] Taulignan, commune du canton et à l'est de Grignan.

[6] Lacroix, *Invent. des arch. de la Drôme*, E 5558. — *L'arrondissement de*

Enfin, de son côté, M. Gueymar-Dupalais, conseiller de préfecture, membre de la Société libre d'agriculture, arts et commerce de la Drôme, signalait en 1804, dans la commune de Dieulefit [1], « une poterie et une verrerie [2] ».

Nous nous en tenons pour les derniers siècles à ces indications sommaires, que l'occasion nous a amené à donner; notre œuvre, en effet, n'a pour objet que les verreries de la contrée à l'époque du moyen âge.

PIÈCES JUSTIFICATIVES.

1

18 février 1393.

Pro domino nostro Graynhani et Poncio Juerssii ac Philipono,
ejusdem Poncii generis (sic), pacta veyrerie seu vitrarie [3].

In nomine Domini, amen. Noverint universi et singuli, presentes pariterque futuri, hoc instrumentum publicum inspecturi et audituri, quod anno Incarnationis ejusdem millesimo, trecentesimo, nonagesimo secundo, videlicet die decima octava mensis februarii, constituti nobilis vir magnificus et potens Giraudus Ademarii, Graynhani dominus, ex parte una, et Poncius Juerssii, ac Philiponus Rostiti, gener ipsius Poncii, habitatores dicti loci Graynhani, ex altera parte, in presentia mei notarii et testium infrascriptorum ad hec et propter hec seu infrascripta specialiter vocatorum et rogatorum, ipse inquam partes, non errantes in aliquo nec decepti, non vi, non dolo, malo metu, fraude, vel ingenio alicujus seu aliquorum, nec circumventi, set bene previsi, consulti et premeditati, ut dicebant, per se et suos heredes et successores quoscumque presentes atque faturos, gratis et ex eorum et cujuslibet ipsorum certis scientiis, de et super infrascriptis, inter se amicabiliter convenerunt, pasciscerunt, transigerunt et convenerunt, pactaque et conventiones invicem fecerunt ut sequitur, et promiserunt. Et primo, quod dicti Poncius Juercii ac Philiponus ejus gener facere, ediffi-

Montélimar, VI, 315; VII, 119-122. — *Étude sur les Bouillane et les Richaud* (Valence, 1878), p. 19-20.

[1] Chef-lieu de canton de l'arrondissement de Montélimar.

[2] *Annuaire du département de la Drôme, pour l'an XIII*, p. 74.

[3] Étude de Mᵉ Misson, notaire à Grignan, reg. coté *Deus*, fol. 13 v° et 14 r°.
— En marge : *Factum est unum pro parte Poncii et Philiponi.*

care et construere convenerunt et promiserunt vitrariam sive veyreriam,
vitraque operare et operari facere, per se et alium seu alios, ad ipsorum
cujuslibet seu parcium ipsarum utilitatem et comodum, et cujuslibet ipsorum et suorum hereddm et successorum, infra territorium, mandamentum,
districtum et juridictionem hujus loci Graynhani, videlicet infra nemus dictum seu appellatum vulgariter *Devesium ipsius domini Graynhani*, et in eodem nemore seu devesio, ibi ubi et in illa parte qua magis eligere voluerint
et facere et construere seu edifficare ipsam vitrariam, domum seu domos,
hospicia et habitationes eisdem Poncio et Philipono et suis ac eorum domesticis, servitoribus et familie seu familiaribus necessariis et opportunis,
seu etiam neccessaria ad opus officine dicte vitrarie et vitrandi, seu vitra et
utencilia vitri et vasa quecumque faciendi et construendi, per eosdem Poncium et Philiponum vel suos et eorum quoscumque familiares, domesticos
seu factores, et ibidem in dicto nemore et infra ipsum, ibi ubi magis facere,
eligere et tenere voluerint, a die presenti in decem annis proxime venientibus et imediate sequentibus continuis et completis; et ibidem in eodem devesio seu nemore per se et ipsorum quemlibet et suos heredes et successores,
vel per alium seu alios quoscumque seu quascumque personas, dicto tempore durante decem annorum, ad corum seu ipsorum Poncii et Philiponi
vel suorum et cujuslibet eorum omnimodam voluntatem, omni die et tempore, de die et de nocte, sindere, habere et capere ligna quecumque, vi-
rida sive sica, ad opus et ad omnia universa et singula decentia seu neces-
saria eisdem Poncio et Philipono vel suis ac eorum domesticis, servitoribus
et familiaribus, ac eorum domibus, vitrarie, clibano, et aliis pertinenciis
suis universis, libere, inpune et absque aliquo inpedimento, molestia sive
turba; necnon erbas etiam capere infra dictum nemus dicto tempore x annorum, ac ramas neccessarias animalibus suis decentibus et eis neccessariis
ad serviendum eisdem et eorum hospicis et clibano qualitercumque et quo-
modocumque, licentia dicti domini vel suorum seu alterius cujuscumque
minime expectata seu obtenta. Pro quibusquidem omnibus, universis et
singulis supradictis, dicti Poncius et Philiponus et quilibet eorum insolidum, anno quolibet dictorum x annorum, semel in anno dumtaxat quolibet anno, dare et solvere convenerunt et promiserunt dicto domino vel suis,
aut ejus certo nuncio seu procuratori, in pace et sine lite, omni dilatione
et exceptione amotis, duodesim florenos auri boni et fini, legis et ponderis
currentis domini nostri regis Ludovici Cecilie, et sex duodenas vitrum seu
vitrorum solvendos et solvend(as) per solutiones et terminos infrascriptos
et infrascriptas, videlicet : a die prima qua vitrari et vitra in dicta vitraria
seu hospicio construendo in dicto devesio seu nemore supradicto et quam-
primo vitrum vel vitra per dictum Philiponum vel suos aut alium seu alios
pro ipsis Poncio et Philipono vel altero eorum operari contingerit, in sex
mensibus ex tunc proxime venientibus et computandis, et finitis dictis sex
mensibus incontinenti sex florenos auri legis et ponderis supradictis et tres

duodenas vitrum seu vitrorum; et finitis ac transactis aliis sex menssibus
ex tunc imediate sequentibus; alios sex florenos auri legis et ponderis predicti et tres alias duodenas vitrum seu vitrorum; et sic de anno in annum
quolibet anno dictorum desem annorum per consimiles solutiones et terminos duodesim florenos auri et sex duodenas vitrorum, ad solam et simplicem requisitionem dicti domini Graynhani vel suorum, ut est dictum,
dicti Poncius et Philiponus et quilibet eorum insolidum per se et suos ut
supradictum est, solvere promiserunt; quod si non facere et ob retardate
solutionis vel solutionum, vel alterius earum, dictus dominus Graynhani vel
sui per se vel per alium ejus nomine dampna, sumptus interesse seu ex-
pensas facerent, sustinerent vel incurrerent, eumdem vel etc..., illas et illa
cum toto suo interesse plenarie etc..., promiserunt, et de hiis etc..., tra-
dere etc... Fuit tamen actum, conventum et in pactum sollempne deductum
inter partes predictas et per dictum dominum Graynhani concessum quod,
si contingeret, quod absit, propter guerram aliquam vel gentes armorum
existentes in hac patria et metu ipsorum non posse et non audere operari
ipsos Poncium et Philiponum vel suos in dicta vitraria, quod, tunc et illo
tempore vacante et quo operari non auderet et non posset, computando pro
rata temporis ipsarum vacationum, ipsi Poncius et Philiponus a solutionibus
illius anni seu temporis minime teneantur, ymo sint quitti, liberi et inmu-
nes ab aliqua solutione florenorum et vitrorum facienda, qum vacarint operari
causa predicta et evidenti tamen ac notoria vicinis et notis sine dolo et
fraude dumtaxat. Item, fuit actum et conventum inter ipsas partes et per
dictum dominum Graynhani retentum quod ipsi Poncius et Philiponus in
dicto nemore, dicto tempore durante, pro dicta vitraria nec usibus seu neccessariis clibano seu ad comburendum capere nec capi seu depopulari faciant nec debeant aliquas arbores fructifferas nec maerias viteles et grossas
ad trabandum, fustandum et edifficandum hospicia tamen. Et pro predictis
omnibus universis et singulis attendendis, solvendis, servandis et com-
plendis, dicti Poncius et Philiponus et quilibet eorum per se et in solidum
se et omnia bona sua presentia et futura obligaverunt, ypothecaverunt et
submiserunt viribus... et sigillis curiarum... dicti domini Graynhani,
domini nostri pape Valr(iac.), Car., camere etc... conservat. etc...
Aquensi, Cistaron., et in curia etc... Villenove de Berco, Nemausensi,
parvi sigilli etc... Montispessulla(ni), Buxi, Nyonis, Cabeoli, domini
regis Francorum et dalphini Viennensis, Diensi, Valentinensi etc..., et
in omni alia etc... Et e conversso, dictus dominus Graynhani per se et
suos supradicta pacta, conventiones et omnia universa et singula supra-
scripta et in presenti instrumento contenta actendere, dictis Poncio et Philipono et suis, servare, complere... promisit et juravit... Renunciantes
dicte partes et quelibet eorum omni actioni etc... Et ita omnia et singula
supradicta dicti Poncius et Philiponus et quilibet eorum per se et insolidum
attendere, solvere et tenere promisit per se et suos et juravit super sancta

Dei etc. ..., ab eis et quolibet eorum corporaliter gratis tactis et sub omni renunciatione etc. De quibus omnibus quelibet pars per se sibi peciit fieri instrumentum per me notarium infrascriptum..... Actum in chauchaycio Graynhani, prope ortum R. Richardi, testibus presentibus Raymundo de Audefredo, Aymario de Graynhano, Petro de Fontaynis, Gir. de Aurosio domicellis, Bertrando Arnaudi, et me Petro B(arasti) etc...

2

28 septembre 1400.

Pacta inhita inter nobiles Poncium de Juercio et Philiponum Rostiti,
ex una parte, et Petrum Andree, veyrerium, ex altera[1].

In nomine Domini, amen. Noverint universi et singuli, presentes pariter et futuri, hoc instrumentum publicum visuri, lecturi et audituri, quod, anno Incarnationis ejusdem millesimo iiij°, et die xxviij septembris, constituti in presentia mei notarii publici infrascripti et testium infrascriptorum ad hec specialiter vocatorum et rogatorum, nobiles Poncius de Juercio et Philiponus Rostiti, habitatores Graynhani, ex una parte, et Petrus Andree, de Salis, veyrerius, habitator Graynhani, ex altera, de pactis et conventionibus inter se faciendis et habendis convenerunt in modum qui sequitur infrascriptum, gratis et ex eorum certis scienciis, non errantes in jure vel in facto, non chohacti nec decepti nec in aliquo circumventi, protestato prius sollempniter per dictos Poncium et Philiponum, exepto et retento, ac per dictum Petrum gratis et sponte concesso quod, per presentem contractum, nec per aliqua que dicant vel faciant, non intendunt pactis nec conventionibus acthenus habitis et selebratis inter dictos Poncium et Philiponum, ex una parte, et dictum Petrum, ex altera, aliqualiter annovare, derrogare nec dicedere, ymo per presentem contractum ratifficare et confirmare. Et primo convenerunt pactumque inter eos fecerunt, et specialiter dictus Petrus promisit et juravit super sancta Dei euvangelia, stare et manere cum dictis Poncio et Philipono a die festi beati Micaelis proxime futuri in unum annum proxime sequentem continuum et completum, et in eorum vitraria operare et vitrare seu vitra facere et servire in omnibus licitis et honestis. Item, promisit et convenit dictus Petrus dictis Poncio et Philipono dicto anno proxime sequenti, seu presente pacto finito, adimplere et observare alia pacta inter ipsos acthenus selebrata. Et e converso dicti Poncius et Philiponus ratione et occasione dicti pacti et premii seu mercedis persone dicti Petri seu laboris ejusdem dare convenerunt et promiserunt dicto Petro

---

[1] Étude de M⁐ Misson, reg. coté *Noster*, fol. 26 v°. — En marge : *Solvit pro nota xviij d(enar.)*.

trigenta florenos auri et quosdam sotular(es) usque ad tres grossos, et ipsum dicto tempore durante seu anno nutrire et ellimentare ac providere in elimentis seu victualibus persone sue, prout et quemadmodum personis ipsorum, et dictos trigenta florenos auri solvere terminis infrascriptis, videlicet a die festi beati Micaelis in unum mensem proxime sequentem, quatuor francos pro duobus mensibus, et, post dictos duos menses transactos, servitis aliis duobus mensibus, alios quatuor francos, et sic continuo servitis duobus mensibus per dictum Petrum, solvere eidem Petro quatuor francos dicto anno durante. Item, convenit dictus Petrus dictis Poncio et Philipono, dicto anno durante, dictos Poncium et Philiponum non dimitere aliquo titulo, sit titulo matrimonii vel quovis alio titulo. Et ita actendere etc... Pro quibus actendendis se obligaverunt curiis domini nostri Graynhani, Diensi, Valentinensi, Tricastinensi, spiritualibus et temporalibus, Buxi, Nihonis, Cabeoli, Villenove de Berco, Nemausensi, parvi sigilli etc... Renunciantes etc... De quibus quelibet pars peciit instrumentum. Acta fuerunt hec Graynhani, in hospicio vitrarie, presentibus nobili Johanne Robandi, Poncio de Graynhano, Bermundo Bartholomei, Johanne de Cornu, Jacobo Julhardi, et me Petro B(arasti).

3

1ᵉʳ mars 1401.

Pro Poncio Juerssii et Philippono Rostiti pacta ipsorum
et Jacobi Vavasoli alias Ysnardi, veyrerio [1].

Anno quo supra et die prima mensis marcii, Jacobus Vavasoli alias dictus Ysnart, de Sancto Stephano de Sancto Juerssio, Viannensis dyocesis, convenit pactumque fecit, promisit et juravit super sancta Dei euvangelia juravit ab ipso gratis corporaliter tacta, Poncio Juerssii et Philipono Rostiti domicellis de Graynhano, de festo proxime futuro beati Johannis Babtiste in unum annum et per unum annum continuum et completum in eorum veyreria Greynhani et de ejus officio vitrarie bene et fideliter et prout melius eciverit et Altissimus sibi docuerit ac poterit de arte veyrarie in eorum hospicio et operatorio dicti loci dicto tempore unius anni et per dictum annum et tempus unius anni completi, ad ipsorum Poncii et Philiponi et cujulisbet eorum vel suorum solam et simplicem requisitionem, et dicti Poncius et Philiponus eidem Jacobo dare et solvere promiserunt pro mercede et labore ipsius, pro quolibet onere vitrorum sex grossorum per ipsum Jacobum factorum more officii et pro joqualibus tres escutos auri, quos tres escutos sive tres florenos auri cum dimidio pro dictis jocalibus

---

[1] Étude de Mᵉ Misson, reg. coté *Noster*, fol. 36 v°.

dictus Jacobus confessus fuit habuisse etc. ;... taliter quod ipsos Poncium et Philisonum quitavit etc. ;... ; et pro predictis se obligaverunt dictus Jacobus et cum ac pro ipso Jacobus Sismoonis, de Brio, Viennensis dyocesis, sine partis beneficio etc... Actum in dicto operatorio vitrarie, testibus presentibus Guillelmo Grivoti, R. Pasquali, Johanne Robandi, et me Petro B(arasti) etc...

4

21 juin 1417.

*Johannis Robandi nota emptionis medietatis vitrarie de Sersonis
a Johanne de Dors alias Tollifaut* [1].

In nomine Domini, amen. Anno incarnationis ejusdem millesimo quatercentesimo decimo septimo, et die xxj° mensis junii, noscant presentes et fiat posteris manifestum quod, cum olim nobilis Johannes Robandus, habitator loci de Graynhano, Diensis diocesis, et Johannes de Dors alias Tollifaut, habitator civitatis Arelatensis, simul se associassent de vitraria construenda in domo sive prioratu de Sersonis, Tricastinenis diocesis, ad usum et comodum commune ipsorum sociorum, dictamque associationem in effectum deducere procurassent, in tantum videlicet quod supradictam domum seu prioratum predictum in terris, pratis et aliis juribus ejusdem sive emolumentis a religioso viro domino priore Sancti Marcelli de Sauzeto, in cujus manu dictus prioratus existebat, ad certum tempus et sub certis modis et formis arrentassent et affirmassent, sub certo precio inter dictum dominum priorem cum dictis associatis convento, prout premissa omnia,... constare asseruerunt publico super hoc confecto instrumento : hinc siquidem fuit et est quod, anno et die predictis, constitutus personaliter in presentia mei notarii publici et testium subscriptorum, ad hoc specialiter vocatorum et rogatorum, preffatus Johannes de Dors, non coactus in jure vel in facto... per se et suos heredes et quoscumque successores vendidit, titulo pure, perfecte et irrevocabilis venditionis vel quasi, tradidit, transtulit penitus et in perpetuum desamparavit... supradicto Johanni, ejus associato, presenti, stipulanti et recipienti pro se et suis heredibus et successoribus in futurum quibuscumque, videlicet medietatem supradicte vitrarie, licet indivise, ipsi Johanni de Dors spectantis, cum omnibus suis juribus et pertinentiis universis, sint in domibus, pratis, nemoribus, terris, sensibus, decimis, et aliis juribus quibuscumque in arrendamento per eosdem Johannem de Dors et Johannem Robandi facto comprehensis, et aliis juribus ipsi vitrarie seu ejus occasione eisdem associatis pertinentibus et spectantibus indivisis... precio et nomine precii inter eosdem conventi quatuor viginti

---

[1] Étude de M° Misson, reg. coté *Maris*, fol. 1 et 2.

florenorum auri monete curribilis in loco presenti Graynhani, videlicet quod quilibet florenus valeat xxiij°' solidos ipsius curribilis monete, videlicet Sabaudie vel monete domini dalphini, et econtra.... De quibus quidem quatuor viginti florenis monete prius expressate preffatus Johannes venditor a dicto Johanne Robandi emptore se bene habuit, reputavit et tenuit plenarie pro pagato et contento, taliter et in tantum quod ipsum Johannem Robandi emptorem et suos quictavit, liberavit penitus et absolvit.... Renunciavitque idem Johannes de Dors expresse et per pactum exceptioni dictorum quatuor viginti florenorum auri non habitorum non receptorum, et spei future habitionis et receptionis eorumdem... Ipsamque medietatem... per eumdem Johannem de Dors venditam, cum ejus onere tum et honore, et per ipsum Johannem Robandi emptam, ipse venditor per se et suos dicto emptori et suis per tempus et spacium decem annorum proxime venientium et sequentium... salvare, deffendere, custodire... contra quascumque personas... promisit suis propriis sumptibus et expensis, et ab ejus evictione totali vel particulari eidem tenere immunem.... Acta et rassitata sunt hec Graynhani, in hospicio mei notarii infrascripti, presentibus nobilibus Johanne de Pratocomitali, domino de Toschia, Reymundo de Graynhano... Johanne de Chambarando vitrario...

5

21 juin 1417.

Pro Johanne de Dors Tollifaut obligatio iiij°° florenorum pro medietate vitrarie per eum vendite Johanni Robandi [1].

Anno predicto, et die xxj junii,... Johannes Robandi... habitator Graynhani... confessus fuit... debere Johanni de Dors alias de Tollifaut... quatuor viginti florenos auri boni et fini valoris xxiij°' solidorum monete nunc curribilis in loco presenti Graynhani... De quibus quatuor viginti florenis ipsius valoris prefatus Johannes Robandus dans dicto Johanni de Dors asseruit teneri occasione vitrarie per eosdem Johannem Robandi et Johannem de Dors comites et associatos constructe in prioratu de Sersonis; quosquidem iiij°' florenos monete predicte preffatus Johannes Robandus dicto Johanni de Dors solvere convenit et promisit in pace et sine lite..., non obstante quod preffatus Johannes de Dors in instrumento venditionis dicte vitrarie, scripto per me notarium infrascriptum, confessus fuit... dictos iiij°' florenos realiter habuisse... Acta... et me Bernardo Barasti (notario).

[1] Étude et reg. cit.

6

1er juin 1440.

Transactio sive accordium inter religiosum virum dominum Ludovicum de Gaudiaco, priorem de Sauzeto, ex una parte, et nobilem Johannem Robandi, verrerium de Cerssonis, prope locum Graynhani, ex alia parte [1].

In nomine Domini, amen. Anno a Nativitate ejusdem millesimo quatercentesimo quadragesimo, et die prima mensis junii, illustrissimo principe et domino Renato, Hierusalem et Sicilie rege, comitatuumque Provincie et Forcalquerii comite, Dei gratia regnante, ac magniffico et potente viro Giraudo Adhemarii, domino loci et baronie Graynhani existente. Noverint universi... quod, cum questiones, querimonie, discordie et rancure verterentur et magis verti sperarentur agitari in futurum inter religiosum virum dominum Ludovicum de Gaudiaco, monacum monasterii et ordinis Cluniacensis, priorem prioratus loci de Sauzeto, Valentinensis diocesis, ex una parte; et nobilem Johannem Robandi, verrerium verrerie de Sersonis prope locum Graynhani, et ipsius loci Graynhani habitatorem, parte ex altera; ex eo et pro eo et super eo videlicet quod dictus dominus prior de Sauzeto dicebat et asserebat quod domus ubi ipsa verreria est fundata est benefficium dependens immediate dicto suo prioratui ad ejus mensam, et vocatur prioratus in qua est dicta ibidem verreria contigua ecclesie beati Andree de Cerssonis, de membro dicti sui prioratus, quod benefficium beati Andree, cum decimis, possessionibus, proprietatibus, nemoribus, devesiis, garenis, censibus, serviciis, et aliis redditibus, emolumentis et gauhidis ad benefficium beati Andree de Cerssonis pertinentibus pro tunc et spectantibus, dudum ejus predecessor arrendaverat dicto nobili Johanni Robandi certo termino et sub certis pacionibus et convencionibus, ac precio anno quolibet inter ipsas partes pro tunc contrahentes, modo, forma et terminis sive solutionibus in dicto tali instrumento ipsius arrendamenti contentis, ... eciam per ipsum dominum priorem, ut dicit, modo consimili sub pactis, actionibus, pactionibus contentis in precedenti primo instrumento arrendamenti habitis, factis, conventis, concordatis, ac precio apreciato inter ipsos dominum priorem et nobilem Johannem Robandi, dictum suum benefficium sibi et prioratui predicto Sauzeti ajunctum immediate dependens titulo precedenti arrendamenti tradidit predicto nobili Johanni Robandi; cujus quidem arrendamenti, sicut premittitur facti, dictus nobilis Robandus predicto domino priori tenebatur et teneri dicebat pro arreyragiis in nonnullis et certis pecuniariis quantitatibus et summis, et hoc pro arreyragiis terminis et solu-

---

[1] Étude de Me Misson, reg. d'Hervée Liponartz.

tionibus dudum lapsis; quam summam sive quantitatem pecuniarem ex
causa ipsius arrendamenti dictus nobilis Robandi juxta ipsius arrendamenti
statuta, prefixis et aliis opportunis dilationibus et terminis hiis non obstantibus acceptatis ab eodem domino priore, eidem promiserat et convenerat,
quod cedit in ipsius domini prioris grande dampnum et prejudicium non
modicum tamen ut fertur. Quare, premissis consideratis et permaxime hiis
non obstantibus, premeditatus in semetipso quod dictus nobilis Robandi ipsam verreriam et omne edifficium quod fecerat, mortuam dimisit penitus et
ad ruinam devenit, sperans in futurum plus in ruinam priorem devenire,
nullam ut dicit per dictum Robandi faciens mencionem de ipsis arreyragiis
in preteritum sibi debitis..... premeditans ampliora augmentare et ne
prava pejoribus sibi ipsi Robandi acumulet, ob quod idem dictus prior du-
bitanter perpensatus sibi ipsi obviam occurrere adeo ne dampnum maxi-
mum esse queretur, volens, ut dicit, plus exequtores in bonis ipsius Robandi
quibuscumque incipere quam in animam et corpus ejus, maxime per curiam
temporalem loci Montilii Adhemarii sive aliam quamcumque curiam temporalem priusquam per spiritualem sive spirituales. Et ideo, virtute instrumenti sui arrendamenti, viribus quamplurimarum curiarum roborati, pre
ceteris elegit curiam domini nostri pape temporalem ipsius Montilii Adhemarii, a qua emanavit litteras compulsorias contra ipsum Robandi sive ejus
bona quecumque, directas curialibus presentis loci Graynhani. Dicto nobili
Robandi in contrarium asserente et dicente quod ipse dominus prior per
prius inceperat suam exequtionem per arrestum factum mandato domini
baylivi baronie et loci Graynhani, et ad dicti domini prioris instigationem
et requestam in marsonamento et tegulis cuperti furni predicte verrerie de
Cerssonis, et quod ubi ceptum erat judicium ibidem finem accipere de-
bebat..

 Tandem dicte partes, post multas et varias altercationes actas ac multa
debata... querimonias et rancuras... volentes et cupientes anfractii liti-
gium evictare, de predictis questionibus... discordiis et rancuris... ad
pacem et concordiam devenire... transhigerunt... et convenerunt et in
pactum expressum sollempni stippulatione vallatum et juramento infra-
scripto firmatum et roboratum deduxerunt, tractantibus... nonnullis...
amicis... nobili et potenti viro Guilhermo de Vaesco domino de Speluchia,
in modum qui sequitur infrascriptum : Et primo transhigerunt... quod
dictus nobilis J. Robardi... teneatur... ratione et ex causa arreyragio-
rum arrendamenti predicti benefficii cum tota domo et pertinenciis suis ac
aliis suis nemoribus, devesiis, possessionibus, decimis, censibus, servi-
tiis... quibuscumque ad ecclesiam predictam beati Andree... spectantibus,.... dicto domino priori et suis quibuscumque in dicto suo prioratu
successoribus, videlicet in decem et novem florenos cum dymidio monete et
cugni domini nostri regis Renati Hierusalem et Sicilie aut domini nostri
pape, nunc currentibus in presentibus baronia et loco Graynhani et in civi-

tate Avenionensi, valoris quemlibet pro viginti quatuor solidis et econtra;...
sub modis... et pactionibus sequentibus... idem ipse Robandus debeat
et teneatur dare, solvere et realiter satisfacere in pace... hinc ad instans
proxime festum Nativitatis Domini, nisi alias interim vellit anticipare terminum, non addendo nec diminuendo precium ad causam hujusmodi arrendamenti. Item... quod, in casum in quo dictus nobilis J. Robandi dicta
die festi Nativitatis... predicto domino priori qui pro nunc est aut pro
tempore futuro fuerit in predicto prioratu Sauzeti, predictos decem et novem florenos auri monete predicte non solverit aut suo legitimo procuratori... in totum sive in parte, voluit et concessit idem dominus prior, de
gracia speciali faciendo dicto nobili Robandi, et terminum superius pre-
fixum suspendit hinc ad instans pro tunc et sequens aliud proximum festum Nativitatis Domini anno revoluto continuo et completo computando, de
sibi et suis in predicto prioratu successoribus solvendo pagando... predictos decem et novem florenos... una cum summis pecuniariis quas idem
nobilis Robandi ad causam dicti arrendamenti poterit teneri ipsi domino
priori, termino prefixo in ipso instrumento hujusmodi arrendamenti ac
juxta et secundum quantitatem et ratam temporum a die date instrumenti
dicti arrendamenti usque ad ipsum festum Nativitatis Domini... computando; si vero dictus nobilis... Robandus ab hoc defficerit... concessit
idem ipse Robandus quod preffatus dominus prior... sua propria aucto-
ritate et absque cujuscumque domini bayiivi... judicis et prectoris...
possit et valeat tectus celsi, sive cupertum totum cum tegulis et ediflicio
ac marsonamenti cuperti desuper furno recipere, capere, alienare, trans-
ferre... vendere et ad suas... omnimodas voluntates facere, et quod
hujusmodi arrendamentum ...sit cassum, irritum et anullatum ...Item
transhigerunt... partes predicte... quod, eo casu contingente in quo
dictus nobilis Robandus termino superius prefixo... solverit... domino
priori predictos decem et novem florenos... idem ipse Robandi comple-
mentum sui... arrentamenti duraturi, possit et valeat tenere et omnia et
singula in dicto instrumento hujusmodi arrendamenti perpetui roboris ob-
tineant firmitatem... de ipso arrendamento gaudere, fruere paciffice...
et nichilominus quod, lapso termino ipsius arrendamenti et in hujusmodi
instrumento prefixo..., cuicumque arrendamentum hujusmodi modo et
forma predictis et in instrumento suo ipsius arrendamenti contentis per
dictum dominum priorem, seu alias aut alio modo prout reperire poterit,
pro tali vel simili precio sive majori et in predicto instrumento dicti arrendamenti contento contingat dare, quod idem Robandi pre ceteris aliis in-
cantatoribus et dare volentibus in eodem possit et valeat retinere........
.... De quibus omnibus etc....................

7

21 avril 1516.

Requesta cum declaratione et quictancia bonorum paternorum pro nobili Ray-
mundo Ferre concessa per nobilem Ysnardum Ferre ejus fratrem [1].

Anno Nativitatis Domini millesimo quingentesimo decimo sexto et die
vicesima prima mensis aprilis, domino Francisco etc., apud locum vitrarie
Montisluceti mandamenti Regalisville, Tricastinensis diocesis, et camera
turris ejusdem vitrarie appellata *la chambre de la crote*, in mei notarii etc...
comparuit nobilis Raymundus Ferre, filius et heres testamentarius nobilis
Johannis Ferre condam sui patris, dicens et verbaliter exponens, in presentia nobilis Ysnardi Ferre sui fratris ibidem presentieliter existentis,
qualiter dictus nobilis Johannes Ferre, eorum pater, suum condidit testamentum, sumptum per dominum Johannem Piss., notarium publicum
ville Montilii Adhemari, sub anno Domini mᵒ vᶜ decimo et die quarta
mensis julii; quod quidem testamentum in suis manibus tenebat. In quo
quidem testamento dicto Ysnardo, jure legali seu alias prout in eodem
continetur, dedit et reliquid summam videlicet centum viginti quinque
florenorum monete currentis; et inde heredem suum in omnibus aliis
bonis suis instituit ipsum nobilem Raymundum Ferre exponentem; et
expost codicillando mutans suam voluntatem.... dictum legatum dictorum
centum viginti quinque florenorum redduxit ad summam videlicet (*blanc*
à l'original) florenorum, prout de dicto codicillo constat instrumento publico sumpto... per... magistrum Petrum Monerii notarium Deifecit,
sub anno et die in eodem contentis; que quidem instrumenta, tam testamentum quam codicillum, ex pleniori informatione ipsius nobilis Ysnardi
exhibuit, et per me notarium legi pesiit; qua quidem lectura per me dictum
notarium coram dicto nobili Ysnardo facta, ipse nobilis Raymundus Ferre
requisivit dictum Ysnardum quathinus suum animum declarare vellet an
vellet se contentare de legato predicto aut vellet exhigere legitimam bonorum paternorum; qui quidem nobilis Ysnardus Ferre, auditis et intel-
lectis tenoribus dicti testamenti et codicilli, considerato quod bona et he-
reditas dicti condam sui patris multis oneribus onerata est et chargiata
negociis quamplurimis, et considerans quod in dictis cxxv florenis sibi ut
preest legatis, est bene jus suum, pars et porcio dictorum bonorum et he-
reditatis paterne; igitur gratis et sponte, ac sine dolo, ut dicebat, animum
suum declaravit et declarat se velle aceptare legatum predictum sibi ut
supra per dictum ejus patrem factum de dictis florenis, prout ex nunc

---

[1] Étude cit., reg. coté *Abba*, fol. xvj vᵒ-xvij.

acceptavit, et acceptat. Cetera autem bona et jura que ipse nobilis Ysnardus Ferre in et super bonis et hereditate paterna habet habereque potest et debet, sive jure nature, frayrechie, succession(is), vel alias quocumque modo, habet, habuit seu visus est habere, et que sibi conpetunt conpetereque possunt..., quictavit, cessit, remisit ac penitus desanparavit... dicto nobili Raymundo Ferre ejus fratri presenti etc., legato tamen predicto sibi salvo, nichil alterius juris etc...; et ita juravit etc.; pro quibus etc., obligavit etc... se et omnia bona sua in curiis Regalisville, Greynhani et ejus baronie, camere regie Rationum Aquens. etc..... Actum ubi supra, testibus presentibus Ymberto de Olla, Andrea Brissi Castrinovi Dalmaceni, Anthonio Alerii, Vincentio Lumbardi Greynhani, et me

Anth. Chasalis, not.

8

21 avril 1516.

Testamentum nobilis Ysnardi Ferre, vitrarie Montisluceti [1].

Anno Domini millessimo quingentesimo decimo sexto, et die xxj° mensis aprilis, domino Francisco etc..., in mei notarii etc... existens et personaliter constitutus nobilis Ysnardus Ferre, qui sanus mente, intellectu et corpore, per Dei gratiam etc., sed actendens ire ultra montes ad regium servicium, considerans quod quocunque ingredimur sequitur mors corporis umbram, igitur suum condidit ultimum testamentum et voluntatem suam ultimam nuncupativam in hunc qui sequitur modum et formam infrascriptam : In primis, facto per eum signo venerabili sancte crucis dicendo *In nomine Patris etc.*, cum anima fuerit etc..., eamdem recommendavit Altissimo etc..., corpori vero suo sepulturam elegit, si ipsum contingat mori ultra montes, in propinquiori ecclesia sive conventu Fratrum Minorum, et, si ipsum contingat decedere citra montes, elegit sepulturam in ecclesia sive conventu Fratrum Minorum Montilii Adhemarii, in qua quidem sepultura voluit... quod convocentur... viginti domini presbiteri, qui missas etc., et dari cuilibet ipsorum duos solidos turonensium... Item legavit in novena post suum obitum etiam fieri unum aliud cantare, in quo etiam intersint alii viginti domini presbiteri, qui missas etc..., et dari cuilibet ipsorum duos grossos absque prandio semel tantum. Item, legavit et dedit operi ecclesie Sancti Baudilii combe de Citellis tres florenos semel tantum. Item, dedit et legavit nobili Romane Chaberte ejus consobrine, uxori Maroni Mercheyerii Pogeti Vallis, pro agreabilibus serviciis sibi per eamdem retroactis temporibus impensis,

---

[1] Étud. cit., reg. cit., fol. xviij-xx.

videlicet quinque florenos monete currentis semel tantum solvendos per heredem suum universalem infrascriptum. Item, ... legavit Ludovice Corte ejus cognate, uxori nobilis Raymundi Ferre, etiam in recompensationem serviciorum sibi retroactis temporibus impensorum, videlicet duo scuta auri semel tantum solvenda per heredem suum universalem infrascriptum. Item plus ... legavit honeste filie Catherine Mercheyere, filie Marci Mercheyerii Pogeti Vallis, duos florenos, propter servicia sibi per eamdem impensa, solvendos ut supra per heredem suum universalem. Item ... legavit jure institutionis hereditarie nobili Ludovice Ferre ejus sorori naturali et legitime, videlicet unum scutum auri semel tantum solvendum per quem supra, in quo etc... et cum quo ipsam contentari voluit etc... Item ... legavit jure institutionis hereditarie nobilibus Glaudio et Filizie, filiis naturalibus et legitimis nobilis Raymundi Ferre, videlicet medietatem omnium bonorum suorum paternorum quorumcumque ubicumque etc... sive concistant etc..., in qua quidem medietate etc... Item ... legavit venerabilibus viris domino Glaudio Ferre, corario venerabilis ecclesie cathedralis Vivariensis, et fratri Ponsono Ferre, ordinis Predicatorum, ejus fratribus naturalibus et legitimis, videlicet cuilibet ipsorum sex grossos monete currentis, et hoc pro omni jure etc..., in quibus etc... et cum quibus etc..., ita quod nichil aliud etc... Et quia hereditaria institutio etc... In omnibus autem aliis bonis paternis, maternis ac aliis quibuscumque juribusque et actionibus heredem suum universalem fecit et instituit ac ore suo proprio hominavit nobilem Raymundum Ferre ejus fratrem, per quem quidem etc... Executorem vero sui testamenti ultimi nuncupativi fecit et instituit dictum dominum Glaudium Ferre ejus fratrem, cui dedit potestatem etc..... Acta fuerunt hec in victraria Montisluceti, videlicet in camera crote, testibus presentibus Imberto de Olla, Andrea Bricii Castrinovi Dalm(ac.), Anthonio Alerii, Thomacio Scribentis, Johanne Scarini operariis dicte victrarie, Vincencio Lumbardi fusterio Greynhani, ad premissa vocatis et rogatis, et me

Anthonio Chasalis notario.

9

13 décembre 1532.

Emptio Johannis Giraudi Sancti Baudillii [1].

In nomine Domini, Amen. Noverint ... quod anno Nativitatis Domini millesimo quingentesimo tricesimo secundo, et die decima tercia mensis decembris, christianissimo principe et domino nostro domino Francisco, Dei

---

[1] Étude cit., reg. coté *Vivere*, fol. cccv et vj.

gracia Francorum rege, comitatuumque Provincie et Forcalquerii terra-
rumque illis adjacentium comite, feliciter regnante, ac magniffico et potenti
viro domino Ludovico Adhemarii de Montillio domino et barone baro-
niarum Graynhani, de Alpibus, de Marsana et de Garda, existente, in
presencia mei notarii et testium infrascriptorum existens ... nobilis Raymundus de Ferris, vitrarius vitrarie mandamenti Regallisville, Tricas-
trinensis diocesis, ... tam nomine suo proprio quam pro et nomine vene-
rabilium virorum dominorum Glaudii et Ponsoni Ferre ac nobilis Ysnardi
Ferre, suorum fratrum absentium, per quos promisit ratifficari facere
tociens quociens fuerit requisitus, ... vendidit ... Johanni Giraudi Sancti
Baudillii mandamenti Regallisville ... videlicet quandam terram sitam
in mandamento Regallisville, loco dicto *au travers de Sainct Bauselly,*
capacitatis quatuor sestariatarum....., precio et nomine precii septem
florenorum monete currentis... singulo floreno pro duodecim solidis
turonensibus computato; plus, vendidit ... quoddam pratum situm in
mandamento Regallisville, in loco dicto *a la combe dou Fangas,* capacitatis
xxij sestariorum..., confrontans ab oriente cum hermis dicti venditoris,
ab occidente cum prato dicti emptoris, a bisia cum heremis, a vento cum
terra domini de Noucase, ..., precio triginta florenorum monete predicte
...; quod quidem precium dicte terre et prati idem venditor ... rece-
pisse confessus est..... Acta et publice recitata fuere premissa omnia
Graynhani, in domo nobilis Giraudi Aulanherii...

Imprimerie nationale. — 1895.